Reacciones químicas

Jenna Winterberg

Asesor

Brent Tanner
Ingeniero mecánico

Créditos de publicación

Rachelle Cracchiolo, M.S.Ed., *Editora comercial*
Conni Medina, M.A.Ed., *Gerente editorial*
Diana Kenney, M.A.Ed., NBCT, *Editora principal*
Dona Herweck Rice, *Realizadora de la serie*
Robin Erickson, *Diseñadora de multimedia*
Timothy Bradley, *Ilustrador*

Créditos de las imágenes: págs.4-5 iStock;
págs.8-13 iStock, pág.15 iStock, pág.16
© Universal Images Group Limited/Alamy.jpg
pág.17 (ilustración) UIG via Getty Images, (fondo)
iStock; pág.21 iStock pág.22 GIPhotoStock/
Science Source; pág.23 Charles D. Winters/
Science Source; págs.24-26 iStock; pág.27
(superior, derecha inferior) © sanapadh/Alamy;
págs.28-29 (ilustraciones) Timothy Bradley; las
demás imágenes cortesía de Shutterstock.

Teacher Created Materials
5301 Oceanus Drive
Huntington Beach, CA 92649-1030
http://www.tcmpub.com
ISBN 978-1-4258-4718-0

Contenido

Química de todos los días

Cuando pensamos en química, es difícil no imaginarnos un laboratorio con estudiantes que visten batas de laboratorio y gafas, y usan matraces y quemadores. Pero la química no solo sucede en la escuela. Ocurre constantemente a nuestro alrededor.

Por ejemplo, quizás comiste un huevo o una rebanada de pan para el desayuno. Estos alimentos se preparan por medio de la química. Y la forma en la que tu cuerpo toma esos alimentos y los convierte en energía es otro ejemplo de cómo actúa la química. En estos casos, se trata de una **reacción química**. En otras palabras, ocurre un cambio que altera la composición del material. Hay un cambio cuando un huevo crudo se hierve o se revuelve. Los alimentos también cambian cuando el cuerpo los digiere.

Las reacciones químicas son una parte tan habitual de la vida que casi no notamos cuando ocurren. Damos por sentado que si ponemos combustible en los automóviles, podrán funcionar. No pensamos en la ciencia cuando horneamos galletas o pasteles. Tampoco pensamos en la química cuando nos calentamos junto a la chimenea, vemos fuegos pirotécnicos en el cielo ni cuando admiramos el cambio de color de las hojas en el otoño. Pero sin las reacciones químicas, nada de esto podría suceder.

Combinación de sustancias

Las galletas recién horneadas no aparecen de la nada. (¡Qué bueno sería!). Se deben combinar los ingredientes antes de hornearlas. Para cualquier reacción química, se necesitan ingredientes. En este caso, se llaman **reactivos**, porque van a reaccionar ante un **cambio químico**. Al hornear, los reactivos son sustancias como el azúcar, los huevos y la harina. Pero podrían ser cualquier cosa: desde oxígeno o agua hasta cobre o sal.

La tabla periódica de los elementos

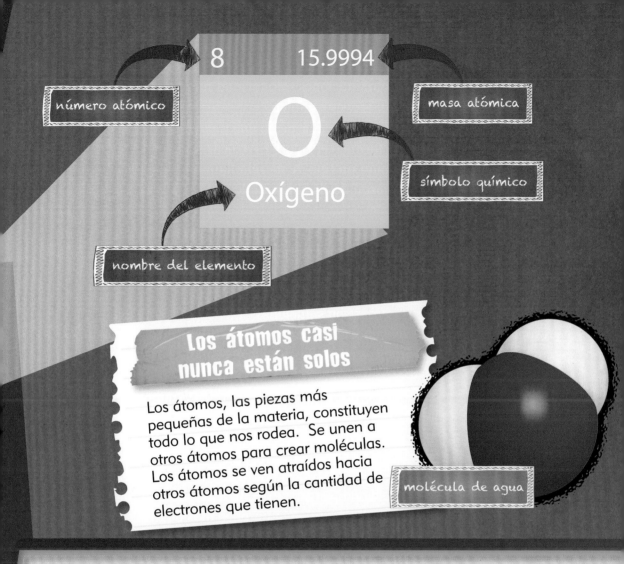

número atómico

masa atómica

8   15.9994

O

símbolo químico

Oxígeno

nombre del elemento

Los átomos casi nunca están solos

Los átomos, las piezas más pequeñas de la materia, constituyen todo lo que nos rodea. Se unen a otros átomos para crear moléculas. Los átomos se ven atraídos hacia otros átomos según la cantidad de electrones que tienen.

molécula de agua

La forma más simple de un reactivo es un **elemento**. Un elemento es una sustancia que contiene solamente un tipo de átomo. Por ejemplo, el oxígeno es un elemento. El agua está compuesta por dos elementos: oxígeno e hidrógeno. Cuando se unen dos o más elementos así, el resultado es un **compuesto**. Los compuestos también pueden ser reactivos.

Existen muchísimos compuestos para enumerarlos todos. En cambio, la cantidad de elementos es limitada. Se pueden comprender gracias a un esquema llamado la *tabla periódica*.

En este esquema se organizan los elementos por el número atómico. Este número corresponde a la cantidad de protones en cada átomo. También contiene la masa atómica: la cantidad de protones sumada a la cantidad de neutrones.

Las reacciones químicas no suceden cada vez que se combinan dos sustancias. A veces, las combinaciones solo forman mezclas. En estos casos, ocurre un **cambio físico**, no químico.

Un cambio físico puede alterar el aspecto que tiene una sustancia, por ejemplo el tamaño, la forma o el color. El azúcar se disuelve en agua. Cuando se combinan, forman un tipo de mezcla llamado *solución*. Pero el azúcar y el agua no cambiaron desde el punto de vista químico. De hecho, aún se pueden separar.

La masa para galletas cruda es otra solución. Se mezclaron harina, azúcar, mantequilla, huevos y otras cosas para preparar la masa. Sería difícil separar esta mezcla, mas no imposible. Todavía no ha ocurrido un cambio químico.

Todas las mezclas gaseosas son soluciones. Piensa en el aire que respiramos. Contiene oxígeno, claro. Pero también tiene otros elementos como nitrógeno y compuestos como dióxido de carbono. ¡El aire contiene un total de 15 gases!

Las soluciones son solo un tipo de mezcla. Son homogéneas. En otras palabras, todas las partes están mezcladas de forma pareja y están totalmente disueltas. No es posible ver ni distinguir una parte de la otra. La masa para galletas es una mezcla homogénea. Otras mezclas son heterogéneas. Contienen un poco más de una parte que de otra. Se pueden distinguir fácilmente las diferentes partes. Si tu masa para galletas tuviera chispas de chocolate que se pudieran ver (o incluso sacar), sería heterogénea.

Una dulce alternativa

Un coloide es un tipo especial de mezcla homogénea. Tiene partículas más grandes que una solución, pero están disueltas de forma pareja.

Mezclas engañosas

Las mezclas se pueden separar. Si no se puede, entonces una reacción química tuvo lugar. Hasta soluciones como azúcar disuelta en agua se pueden separar. Simplemente hay que hervir el agua hasta que quede solo el azúcar. A veces, lo único que necesitas es una herramienta especial. ¡Así que piensa muy bien antes de decir que tu mezcla no puede revertirse!

heterogénea

homogénea

Análisis de las propiedades

Cuando se combinan sustancias, se quiere saber qué cambia. Estos datos se obtienen observando y midiendo. Quizás resulte que una mezcla es de color rosado. Es una buena observación. ¿Pero no sería mejor si supieras los colores de las sustancias originales? Si eran blancas y rojas, entonces el rosado no sería una sorpresa. Pero si eran blancas y azules, ¡es un resultado interesante!

Para analizar las mezclas se deben conocer primero las partes individuales. Es por esto que se miden y se observan antes *y* después.

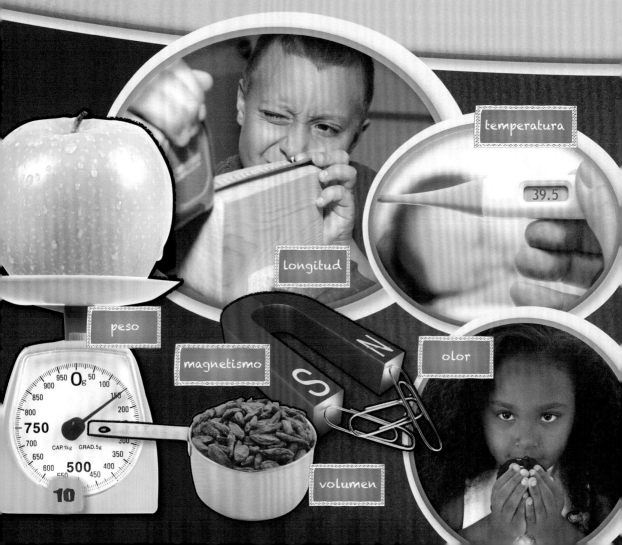

temperatura

39.5

longitud

peso

magnetismo

olor

volumen

O g

950 50
900 100
850 150
800 200
750
700 250
650 300
500 350
600 400
550 450

CAP.1kg GRAD.5g

10

Al observar, se busca una serie de cosas. Siempre se comienza por las **propiedades físicas**. Son cosas que se pueden evaluar sin alterar una sustancia. El peso, el volumen, la longitud, el color, la dureza y el olor son todas propiedades físicas. El magnetismo es otro ejemplo. También lo es la densidad de un objeto o qué tan compacto es. Incluso se puede considerar si un objeto puede conducir el calor o la electricidad. La temperatura a la que un sólido se convierte en líquido —el punto de fusión— es otra propiedad física. También lo es el punto de ebullición —cuando el líquido se convierte en gas—. Cuando el agua se convierte en hielo el cambio de fase no altera su química. Sigue siendo hidrógeno y oxígeno, solo que más frío y sólido.

Es una fase

La química tiene un término propio para cada tipo de cambio de fase.

Cambio	Nombre del cambio	Ejemplo
sólido a líquido	fusión	hielo a agua
líquido a gas	evaporación	agua a vapor
sólido a gas	sublimación	hielo seco a gas
gas a sólido	deposición	vapor de agua a hielo
gas a líquido	condensación	aire húmedo a gotas de rocío
líquido a sólido	congelamiento	agua a hielo

11

Las sustancias también tienen **propiedades químicas.** Estas propiedades describen el potencial de la sustancia para reaccionar con otra cosa. En otras palabras, las propiedades químicas nos dicen si una sustancia podría ser un reactivo.

Las propiedades químicas que se pueden medir no están estandarizadas. No existe una lista establecida de la que se pueda seleccionar o descartar. Más bien lo que se mide depende de lo que se quiere estudiar. Con frecuencia, nos enfocamos en si un material reaccionará como respuesta al ácido, al agua o al aire.

Quizás queremos saber si una sustancia es inflamable. ¿Se encenderá de haber oxígeno presente? Tal vez se quiere averiguar qué tan inflamable es. ¿Durante cuánto tiempo arderá? Algunas veces se trata de probar si explotará cuando se encienda. O tal vez se quiere ver si un objeto se oxidará. Otras veces, la pregunta es si se convertirá en otra sustancia.

Al observar las propiedades físicas no se realizan cambios a la sustancia. Pero en estos ejemplos existe el riesgo de alterar la sustancia original. Es la única forma de evaluar las propiedades químicas de una sustancia. En todos estos casos se experimenta para ver si ocurre una reacción química.

Evidencia química

Los científicos examinan las propiedades químicas de la evidencia para resolver crímenes. Mediante este análisis pueden identificar sustancias químicas, venenos o pequeñas piezas de evidencia que quedaron en la escena.

Cómo crear un producto

Cada reacción química producirá al menos un compuesto. Esta nueva sustancia se denomina **producto**. El producto puede ser físicamente distinto de la sustancia original. Y siempre ha experimentado algún cambio químico.

Cuando dos o más elementos se combinan para formar un compuesto ocurre una reacción química. Por ejemplo, el hidrógeno y el oxígeno son dos reactivos que se combinan para formar el agua. El compuesto es el producto, que en este caso es el agua. ¡Es bastante diferente de los dos gases que se combinan para formarla!

Los compuestos también pueden reaccionar para formar un producto. Por ejemplo, el yoduro de potasio y el nitrato de plomo. Los dos son compuestos. Ambos son líquidos incoloros. Combinados, forman una sustancia amarilla y sólida llamada *yoduro de plomo*. Este nuevo compuesto es el producto de una reacción química.

Las reacciones químicas no ocurren exclusivamente en el laboratorio. Cuando hervimos un huevo crudo, se transforma. El huevo cambia químicamente. El huevo duro es un producto y nunca regresará a su composición anterior.

De la misma forma, cuando ponemos la masa de galletas en el horno, su composición química cambia. Las galletas horneadas saben y huelen diferente de la masa. Estas son pistas que indican que ocurrió un cambio químico. ¡El producto son galletas recién horneadas!

14

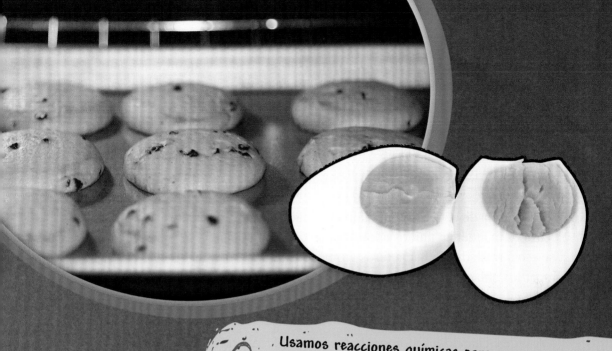

Usamos reacciones químicas para poner en funcionamiento automóviles y cohetes. Los cohetes funcionan debido a una reacción química que ocurre cuando se combinan hidrógeno líquido y oxígeno líquido.

Taquigrafía química

Los científicos escriben las reacciones usando símbolos. Son como pequeñas ecuaciones matemáticas. Pero aquí, los números se convierten en elementos y compuestos. Primero se suman los reactivos. Después, una flecha conduce al resultado. Por ejemplo:

Usando símbolos químicos, la ecuación es la siguiente: $H_2 + O \rightarrow H_2O$.

Se tiene que cocinar un huevo para causar una reacción química. Sucede lo mismo con las galletas. En otras palabras, tenemos que aplicar calor. Sin calor, el huevo y la masa de galletas todavía estarían crudos.

No es necesario que haya calor para que se desencadene una reacción química. Pero es necesario algún tipo de energía para que todo comience. El calor, la luz y la electricidad pueden desencadenar reacciones químicas. Esto se conoce como **energía de activación**.

La energía de activación inicialmente hace saltar a los electrones. Los electrones mantienen unidos a los átomos de una molécula. Pero no pueden hacerlo si se están trasladando hacia otros átomos. Entonces, liberar los electrones significa romper los enlaces entre los átomos. Al hacerlo, se hace posible que los electrones formen nuevos enlaces. Y nuevos enlaces dan como resultado un nuevo compuesto. De esta forma, la energía de activación permite que se forme un nuevo producto.

A veces, cuando los átomos se unen, los enlaces son muy débiles. No se necesita demasiada energía para estos enlaces. Los electrones comienzan a moverse sin demasiada ayuda. Sin embargo, en el caso de enlaces más fuertes, se necesita más energía de activación para iniciar la reacción.

Enlaces iónicos

Los átomos que tienen solamente un electrón en la capa exterior son inestables. Los átomos inestables intercambian electrones entre sí para volverse más estables. Este es un enlace iónico.

Enlace iónico

Na → Na⁺

sustancia química reacción

Cl → Cl⁻

Los átomos también pueden enlazarse superponiendo sus capas exteriores. De esta forma comparten los electrones en vez de intercambiarlos. Esto se denomina *enlace covalente*.

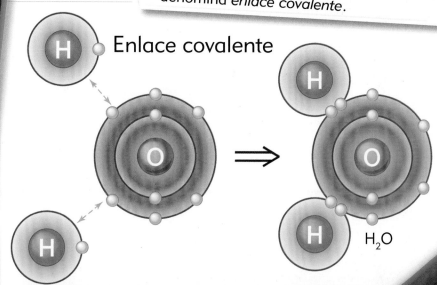

Enlace covalente

H_2O

Una vez que se inician, las reacciones químicas pueden suceder muy rápido. Por ejemplo, la dinamita. Reacciona con el oxígeno casi al instante. Pero solo cuando hay mucho oxígeno alrededor. La dinamita arde lentamente cuando hay una menor concentración de oxígeno.

Los tamaños de las partículas también afectan la reactividad. Mientras más pequeña es una partícula, menos tiempo tardará la reacción. Una versión en polvo de una sustancia reaccionará más rápidamente que un grumo del mismo material.

La temperatura también puede afectar la reactividad. El calor acelera el tiempo de reacción. El hierro se oxida en contacto con el oxígeno. Pero el hierro no es altamente reactivo, entonces esto sucede lentamente en el transcurso de semanas o incluso de años. Sin embargo, las parrillas a gas se oxidan rápido. Se debe a que el hierro se calienta cuando usamos la parrilla.

El hierro con una capa de zinc se oxida lentamente. En este caso, el zinc actúa como un inhibidor. Esta sustancia desacelera la reacción. Puede incluso detenerla.

Por otro lado, un catalizador acelera una reacción. Lo hace reduciendo la cantidad de energía de activación necesaria. El cuerpo humano contiene catalizadores naturales. Por ejemplo, una enzima presente en la saliva acelera la descomposición del almidón. Este catalizador ayuda a transformar los alimentos que consumimos en energía que podamos usar.

Debe haber agua en el aire para que el hierro se oxide.

candado oxidado

Catalizadores

Los catalizadores ayudan a acelerar una reacción. Cuando se agrega un catalizador a un reactivo, la energía aumenta. Una mayor energía en la reacción hace que las moléculas funcionen más rápidamente, ¡generando el producto en mucho menos tiempo!

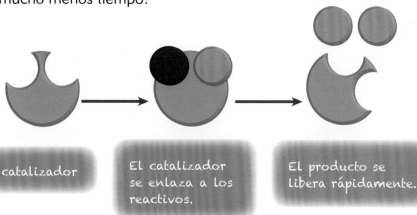

catalizador

El catalizador se enlaza a los reactivos.

El producto se libera rápidamente.

Inhibidores

Los inhibidores retrasan y en ocasiones incluso detienen por completo las reacciones químicas.

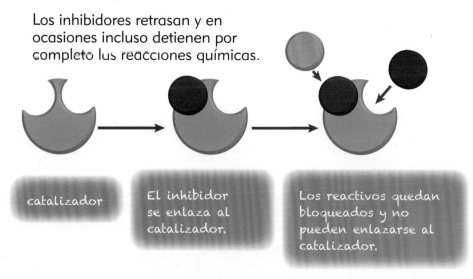

catalizador

El inhibidor se enlaza al catalizador.

Los reactivos quedan bloqueados y no pueden enlazarse al catalizador.

19

Categorías de las reacciones

Existen seis tipos principales de reacciones químicas: síntesis, descomposición, desplazamiento simple, desplazamiento doble, ácido-base y combustión.

Síntesis

El tipo más simple de reacción es la síntesis. Aquí, se combinan dos o más sustancias simples. Cuando lo hacen, forman un compuesto más complejo.

Es posible combinar los elementos cobre y azufre utilizando la síntesis. Cuando sucede, se forma sulfuro de cobre. Este compuesto es el producto. Es importante destacar algo que sucede aquí. El azufre que no reacciona con el cobre se escapa en forma de gas. Cuando el azufre caliente entra en contacto con el aire, reacciona con el oxígeno. Como resultado se crea un gas venenoso. Ese veneno no es un producto de la síntesis. Es un subproducto.

Un subproducto es un producto secundario. Es un producto que surge como resultado de una reacción paralela. Toda reacción puede producir estos subproductos. Afortunadamente, no todos son venenosos.

Descomposición

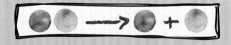

Lo opuesto a la síntesis es la descomposición. En estas reacciones, una sustancia compleja se desglosa en otras más simples. La reacción separa una sustancia.

Por ejemplo, se puede descomponer el agua en sus elementos. Todo lo que se necesita es un poco de corriente eléctrica. El compuesto del agua se dividirá en hidrógeno y oxígeno. La corriente eléctrica separa el líquido. Ese proceso se conoce como *electrólisis*. Pero no todas las descomposiciones son así.

Camuflaje clorofílico

Las plantas producen su alimento mediante una forma de síntesis llamada *fotosíntesis*. Usan el sol, el agua y el dióxido de carbono para sintetizar la clorofila. La clorofila proporciona a las hojas el color verde. Cuando los días se acortan en otoño, las plantas producen menos alimento. Sin la presencia de la clorofila, vemos los colores naranjas y amarillos naturales de las hojas.

La descomposición salva vidas

Las bolsas de aire de los automóviles usan la descomposición para expandirse. Contienen bolitas de azida de sodio. Cuando la azida de sodio se expone a una corriente eléctrica, se descompone en nitrógeno gaseoso y sodio. El nitrógeno gaseoso se expande rápidamente y llena la bolsa de aire.

Desplazamiento simple

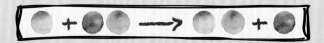

Otro tipo de reacción es el desplazamiento simple. En ocasiones se conoce como *reacción de sustitución* porque una cosa toma el lugar de otra. En estas reacciones, dos sustancias compiten para enlazarse con otra sustancia.

Esto ocurre, por ejemplo, cuando se pone un clavo de hierro en una solución líquida de sulfato de cobre. El hierro y el cobre compiten para ser parte de la solución. El clavo comienza a ponerse de un color entre marrón y rosado. Esto se debe a que el cobre está abandonando el compuesto líquido. Al mismo tiempo, el líquido pasa de azul a verde claro. El cambio de color ocurre porque el hierro se deposita donde antes estaba el cobre. El hierro y el sulfato de cobre se convierten en sulfato de hierro y cobre.

Desplazamiento doble

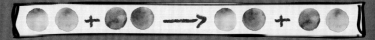

En una reacción de desplazamiento doble se da un intercambio de compañeros. Aquí se forman dos compuestos nuevos. Esto significa que hay dos productos.

Observemos un ejemplo. Si dos parejas están bailando juntas y cambian de compañero, esto representa una reacción de desplazamiento doble. Margarita y Tomás son una pareja de baile. Lucía y Andrés son otra. Al avanzar el baile se realiza un intercambio de parejas. Entonces, Margarita y Andrés forman una nueva pareja de baile y Lucía y Tomás otra. Este cambio deja como resultado dos nuevas parejas. Lo mismo ocurre en el desplazamiento doble: después de que se realiza el intercambio, se forman dos nuevos compuestos.

Duplica la diversión

Puedes sorprender a tus amigos y a tu familia con la ayuda de una reacción de desplazamiento doble. Solo coloca bicarbonato de sodio en un contenedor. Luego, agrega un poco de vinagre. (Puedes agregarle un poco de colorante de alimentos para darle más dramatismo). ¡Observa y disfruta la efervescente diversión!

Escala de pH

- 0
- 1
- 2
- 3
- 4
- 5
- 6
- 7
- 8
- 9
- 10
- 11
- 12
- 13
- 14

Reacción ácido-base

El bicarbonato de sodio en las galletas representa la parte base de una reacción ácido-base. Es un tipo especial de desplazamiento doble.

En general, los átomos son neutros. Tienen la misma cantidad de electrones y de protones. Cuando un átomo tiene electrones de más o de menos, se convierte en un ion. Una sustancia con iones hidrógenos es un ácido. Una con iones hidróxidos es una base.

Los ácidos pueden ser débiles como el ácido cítrico que caracteriza el sabor del limón. O pueden ser fuertes como el ácido estomacal que digiere nuestros alimentos. Las bases también pueden ser débiles, como el bicarbonato de sodio, o fuertes, como el blanqueador.

El jabón de baño es una base débil que resulta de la combinación de un ácido débil con una base fuerte. El champú es un ácido débil que se obtiene de la mezcla de un ácido fuerte y una base débil.

El poder del hidrógeno

Para medir las intensidades de las bases y los ácidos, usamos la escala de pH, donde *pH* significa *la potencia del hidrógeno* (como en los iones hidrógenos e hidróxidos). Esta escala va desde el 0 (ácido fuerte) hasta el 14 (base fuerte). Las sustancias neutras, como el agua, serían un 7 en esta escala.

Combustión

Las reacciones de combustión combinan un reactivo con oxígeno para producir energía. En otras palabras, arden.

La combustión no solo quema leños en una hoguera para dar calor. ¡Estas reacciones hacen posible viajar a la Luna! Los cohetes contienen gas hidrógeno. Solo es necesaria una chispa para que el hidrógeno reaccione con el oxígeno. Los dos gases continúan ardiendo hasta que uno de ellos se acaba. La energía producida es lo suficientemente poderosa para enviar un cohete al espacio.

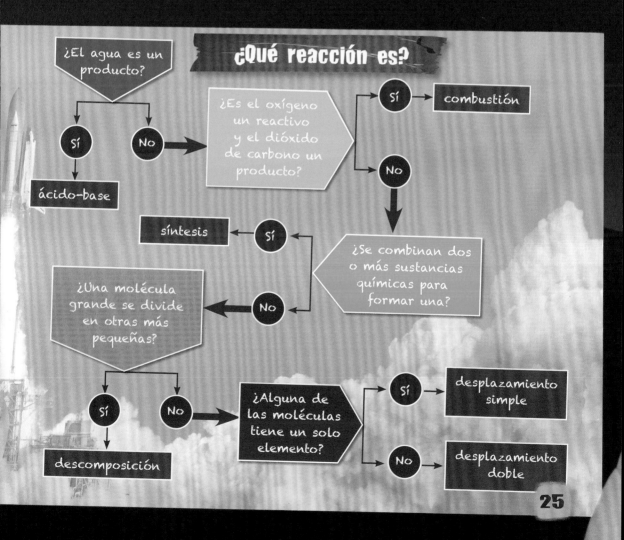

¿Qué reacción es?

¿El agua es un producto?

Sí → ácido-base

No →

¿Es el oxígeno un reactivo y el dióxido de carbono un producto?

Sí → combustión

No →

¿Se combinan dos o más sustancias químicas para formar una?

Sí → síntesis

No →

¿Una molécula grande se divide en otras más pequeñas?

Sí → descomposición

No →

¿Alguna de las moléculas tiene un solo elemento?

Sí → desplazamiento simple

No → desplazamiento doble

El mundo de la química

La química no solo sucede en un laboratorio. Y tampoco tiene que ser aburrida. Todo el tiempo suceden reacciones químicas. Están en todos lados, ¡incluso dentro de nosotros!

Gracias a las reacciones ácido-base, existen el jabón y el champú. La síntesis crea el agua con la que te enjuagas el jabón y el champú.

El desplazamiento doble produce esos esponjosos panqueques para comer en el desayuno. (Cuando tenemos mucha suerte). Y la descomposición permite convertir ese delicioso desayuno en combustible para el cerebro. Así, es posible estar alerta todo el día en la escuela.

Las enzimas de la boca y el estómago actúan como catalizadores. Ayudan a descomponer rápidamente los alimentos y convertirlos en energía. Por suerte, porque también sucede con los motores a combustión, los cuales hacen que nuestros automóviles anden a gran velocidad. Necesitamos mucha energía para ir de la casa a la escuela.

La química del salón de clases puede ser igualmente interesante. Después de todo, los experimentos son otra forma de develar los secretos de las sustancias que nos rodean.

Observar las propiedades físicas y químicas en un laboratorio nos prepara para observar esas mismas cosas en el mundo real. ¡Porque el mundo real está lleno de química!

Piensa como un científico

¿Cómo puedes saber si una combinación ocasionará una reacción química? ¡Experimenta y averígualo!

Qué conseguir

- 3 vasos transparentes
- agua caliente
- bolsas con cierre hermético
- col morada
- cuchara
- jabón en polvo para ropa
- vinagre

Qué hacer

1 Coloca de 5 a 10 hojas de col morada en una bolsa con cierre hermético. Llena la bolsa hasta la mitad con agua caliente. Cierra bien la bolsa y exprime los ingredientes hasta que tengas jugo de col morada.

2 Llena cada vaso hasta la mitad con el jugo. Trata de que no caigan grandes trozos de col. Agrega una cucharada de vinagre al primer vaso. Observa lo que sucede y registra los resultados.

3 Agrega una cucharada de jabón en polvo al segundo vaso. Observa lo que sucede y registra los resultados.

4 Agrega una cucharada de agua al tercer vaso. Observa lo que sucede y registra los resultados. ¿Qué tipo de cambio observaste con cada ingrediente? ¿Cómo lo sabes?

Glosario

ácido-base: una reacción de doble desplazamiento con reactivos ácidos y base

cambio físico: un cambio que no produce una nueva sustancia

cambio químico: un cambio que produce una nueva sustancia

catalizador: una sustancia que hace que una reacción química suceda más rápidamente

combustión: una reacción química que ocurre cuando el oxígeno se combina con otras sustancias para producir calor y, generalmente, luz

compuesto: una sustancia constituida por dos o más tipos de átomos enlazados

descomposición: una reacción que desintegra una sustancia compleja y la convierte en otras más simples

desplazamiento doble: una reacción de desplazamiento con un intercambio de parejas de un compuesto

desplazamiento simple: una reacción en la que una sustancia sustituye a otra en un compuesto

elemento: una sustancia básica que está compuesta por átomos de un solo tipo y que no se puede separar por medios químicos comunes en sustancias más simples

energía de activación: la energía necesaria para desencadenar una reacción química

inhibidor: una sustancia que retrasa o interfiere con una reacción química

producto: el resultado de una reacción química, que es químicamente diferente de sus reactivos

propiedades físicas: características que pueden usarse para describir e identificar un objeto, como el color, la longitud y el punto de ebullición

propiedades químicas: características de la materia que pueden observarse durante un cambio químico

reacción química: un cambio que produce una nueva sustancia

reactividad: la tendencia de una sustancia a cambiar cuando se la mezcla con otra sustancia

reactivos: sustancias que cambian cuando se combinan con otras sustancias en una reacción química

síntesis: una reacción que combina sustancias simples y las convierte en un producto más complejo

subproducto: algo que se crea durante la producción o destrucción de otra cosa

Índice

¡TU TURNO!

Usa todos los sentidos

Puedes usar todos los sentidos para observar cambios en los alimentos. Pídele a un adulto que te ayude a observar y tocar los alimentos antes y después de cocinarlos. (Recuerda lavarte las manos antes y después de tocarlos). Escucha los sonidos mientras el alimento se cocina. Si es seguro, huele y prueba el alimento antes y después de cocinarlo. ¡Experimentar en la cocina puede ser el tipo de ciencia más entretenida que hay!